教師であるあなたにおくることば

「実践する知恵とワザ」をみがく

前田勝洋　著

黎明書房

プロローグ

絶望の中で出会ったことば

人生において、迷いや悩みの中にいることは、つらいことである。教師という仕事も、一筋縄ではいかない厳しいものがある。「思うようにならない」こと、「挫折する」ことも多々あろう。

私は四十代に入ったころ、かなり重い「自律神経失調症」に陥ったことがある。それがどこから来たかという確たる原因はないのに、毎日の積み重ねが大きなストレスとなって、今ある自分に苦しんだ。

過去（過ぎたこと）に悔い、未来（明日《あす》）に不安を抱え、現実の今に苦しんだのだ。真夜中にうなされ、家の外へ飛び出したこともあった。毎日「反吐《へど》が出る」ほどの不安感と息苦しさに、脈拍も異常に速くなり、絶望的な思いにかられたこともしばしばであった。そんな日が二年ほど続いただろうか。

そんなとき、ある本のことばに出会った。

「昨日（過去）と今日との間の扉を閉めよ。今日と明日（未来）の間の扉を開けるな。そこにある『今日』という今がある。その『今』このときを誠実に生きれば、それで十分だ。」

そんな文言が、私には鮮烈であった。

「そうか、今日一日か。」

「いや、今目の前のことに不器用でもいいから誠実に向き合うことか。」

それは、思いもよらず心のしばりを解いてくれた。しかし、それですべてが終わるほど症状は軽くなかった。いまだにその症状はしばしば現れる。にもかかわらず「今を誠実に生きる」が、私の「いのち」を辛うじて生きながらえさせてくれている。そして、「迷うこと、悩むことは決して悪いことではない」と強く思うようになった。むしろ「迷うこと、悩むことが生きることそのもの」と思えてきている。

知恵あるワザへの模索

今目の前にいる子どもたちを、どう育てるかは、「今日という日」を充実したものにしていく以外に道はないと思えてきた。試行錯誤の日々は続いた。悩むことに意義があると思って、とことん「悩んだ」のである。そんな中から一つずつ具体的な手立てが浮かんできては、実践につながっていった。何よりも、子どもたちの言動の変化に手ごたえを感じることができた。顔つきの変わり方に健気さを感じることができた。

もちろん、あるときに「これぞ、手ごたえのあるワザ」と思ったことも、別の子どもたちとの出会いではまったく通用しないことが多々あることにも気づかされた。どこにも、どの子にも通用するワザなんてないのだと観念したこともしばしばであった。

それはワザがワザとして、行われている限り、大きな限界であったと今にして思う。その教師の、その授業者の、真摯な向き合い方が、天と地ほどの結果になることを教えられた。「子どもへの単調で画一的な攻め手は、ワザではない」と断言できる。

私はいつの間にか、「知恵とワザ」ということばを遣うようになっていた。つまり教師の仕事は、「手仕事」であり、「心と知恵がワザを生かす」ことにも気づかされた。日常的な子どもとの関係が築かれていってこその毎日の授業実践である。「毎日毎日」のその瞬時の中に、「道ができる」のである。

退職してからも、多くの学校にお邪魔して、優れた教師たちの営みを目に焼き付けてきた。優れた実践をする教師に共通することは、「日々を怠らない」ことであり、その日々に「誠実さ」があると思う。そういう背景があってこその授業実践である。その歩みは順調な階段を上る歩みとは違う。山坂があり、気候の変動があり、悪戦苦闘の連続でもある。「悩む」「捨て身になる」「謙虚さをもつ」「失敗をこわがらない」「開き直る」「誠実に向き合う」「下座《げざ》に生きる」「間違いを恐れない」「謝る」「詫びる」「共感する」のどのことばも当てはまる。自分は愚かな存在であるが故に生きていることを実感する日々であろう。

ただ、そうは言っても、毎日を「重く」してはならない。明るく元気に歩くことが、基本である。いさぎよさと「まっ、いいか！」という心持ちもとても大事な身の制御の仕方である。それを忘れてはならない。優れた教師は、困難な状況を深刻にしていない。むしろ「挑戦するたのしさ、やりがい」を持っていると思う。「知恵とワザ」は、そんな営みの中で生まれてくると確信する。

この『教師であるあなたにおくることば』は、そんな中で生まれた。「ことばを削ぎ落とし削ぎ落とし」して、生まれたこの綴りが、苦難の中で真摯に立ち向かうあなたの「くすり」になることを願うばかり。

教育に携わるみなさん、日々悪戦苦闘の連続であると思います。どうか、「今を誠実に生きる」ことによって、自己実現を果たしてください。

最後になりましたが、本書を上梓するにあたり、黎明書房社長武馬久仁裕様、都築康予様には、企画の方法、編集の隅々までご助言ご指導をいただきました。ここに謹んでお礼申し上げます。ありがとうございました。それに何よりも、本書が皆様方の「くすり」として、少しでもお役に立てることができましたら、このうえない歓びです。皆様方のご健闘を心からご祈念申し上げております。

前田勝洋

もくじ

4　愛することの意味を問う　68

Ⅰ　道を拓くことば

1　優しさが拓く世界

明るく元気なあいさつ。
しずかな中にも、相手への思いやりに満ちた笑顔。
そこには、安らぎと癒しに満ちた世界がある。
なんだか元気のおすそ分けをいただいたような心地よさ。

私たちは、日々そうありたいと思う。

どの子にも優しさのシャワーを浴びせかけていけるような自分でありたいと思う。

しかし、それがどれほどの「行（ぎょう）」であるかは、少し教職に身を置く者なら、実感できる。

「ありがとう」「うれしかったよ」の一言が、子どもの心に届くとき、固く閉ざされた窓が少しずつ開く。

足取りの重かった学校に今日も行ってみたい、行きたいと。

優しさが拓く世界とは、そういう世界だと思う。

1

明るいあいさつ

――笑顔の力

明るいあいさつのできる教師になりたいと思う。心からの笑顔でおじぎをするとき、子どもたちは誰に言われるともなく、おじぎをしてあいさつをする優しい子どもになっていく。

毎日毎日学校での勤務。
当たり前のような日々に忙しさが重なる。
それが教師である私の心を険しくする。
情けないことだ。
子どもにあいさつをする余裕をなくしては、何も始まらない。

2

ありがとう

――教育のはじめの一歩

「ありがとう」のチャンスを見つける教師になりたいと思う。人と人とのかかわりの中に「ありがとう」のメッセージが飛び交うとき、人を思いやる感謝の心が伝わる。誰にもできて誰にもできないことが、教育のはじめの一歩であると思う。

「はい、どうぞ」「ありがとう」プリントを配布するときの光景だ。

そんな教室には「ありがとう」の文化がごく普通に広がる。

ある人が、「教師が一日一〇〇回ありがとうを意識して言ったら、子どもたちは確実に変わる」と言われた。

それを実行した学校がある。

荒れに苦しんでいた学校だ。

二年の歳月が流れた。

教師もほんとうに思いやり深くなっていった。

子どもたちもおだやかな表情で学校生活をするようになった。

すごい話である。

3 目力

——目はうそを言えない

教師の温かい目力が、子どもたちを元気づけ、やる気を引き出していく。優しい目、厳しい目、哀しい目、寂しい目、歓びの目。目は顔の中の大将。目を意識して、子どもの前に立つ教師になっていったら、子どもたちは敏感に反応するようになる。

目は口ほどにものを言うという。
私は子どもたちの顔を見るとき、必ず子どもたちの目を見る。
まさにアイコンタクト。
口は心にもないことを言うこともある。
目はうそを言えない。
正直者。
教師は自分独りになって目を見る。
鏡の中の目を見る。
怒った目、悲しい目、歓びの目、つらい目。
そんな目が、子どもの心を動かす。

4

子どもの目線に立つ

――子どもの声が聴こえるようになる

子どもの目線に立つ自分になりたいと思う。自分を捨てる決断をしたとき、やっと子どもの心の声が聴こえるようになってくる。

子どもの目線に立つというと、「子どもと友だち感覚で教育ができるか」という声が聴こえてくる。

そうではない。

子どもを叱るとき、突っ立ったままで、子どもを見下ろして注意する自分であってはならない。

ひざまずき、子どもの手を握り、諭すのだ。

子どもの弱さをえぐりだすような叱り方をしてはならない。

子どもの弱さを包んでやるような自分でありたい。

難しいことだが。

5

毅然とした教師

——焦りからの決別

教師としての毅然とした態度。それは子どもの歓びをほんとうに歓んでやり、子どもの悲しみをほんとうに悲しんでやることのできる教師だ。

「教師は喜怒哀楽を鮮明にすべきでない」と言われてきた。

ほんとうにそうだろうか。

是々非々ということばがある。

いけないことをいけないと言えて、よいことを心から歓びとして表していく。

そこにぶれがないことこそが、信頼される教師になる道だと思う。

それは、焦りやいらだちからの決別を自分に課していかないかぎり、立てる境地ではない。

6

教師の度量

――子どもの「素直さ」を考える

教師の度量というか、視野というか、教師自身がすぐに切れてしまうような教室では、子どもは素直になるよりも怯えを感じてしまう。子どもは「自己表出する」ことができず、ひたすら我慢して「よい子」を演じるようになっていく。

「素直な子どもが伸びる」とよく言われる。

そのとおりかもしれない。

しかし、この「素直な子」ということばに素直になれない私がいる。

自分（教師）に従順な子、反発しない子、自己主張をしない子、など、素直な子どもというイメージの中に、腑に落ちない子どもの姿が浮かんでくる。

教師に予想もできないようなことをやったりする子どもは、時として、教師から見れば扱いにくい子ども、厄介な子どもである。

だが、扱いにくい子ども、厄介な子どもの中に、「よい子」を演じる子どもがいて、「素直な子」の中にまじっている場合があることを忘れてはならない。

7

見上げた教師

――学級崩壊した子どもたちを担任する

学級崩壊した学年とか、低学力の子どもが多くて学習意欲に乏しい学級を任せられる教師は「見上げた教師」であり、「信頼されている教師」である。

学級崩壊した学年など誰しも担任したくないが、「自分が担任したら、ますます陰湿で暗い雰囲気を増長するようになった」では情けない。

少なくとも、「自分が担任したら、子どもたちが明るくなった、子どもに笑顔が見えるようになった」と言われるように、カラ元気でいいから、発奮したい。

そんな学年と誠実に向き合う時間が、その教師の実践力を高めていく。

8

全員授業というバスに乗る

――全員参加をめざす

ここにいる子どもたち全員の人に賢くなってほしい。
だから全員授業というバスに乗ることが原則の教室にしたい。

ある教師が子どもに語りかける光景を見た。

「先生が発言を求めるとき、三六人のうちで何人挙手したら指名を開始してよいだろうか。」

「みんなにとって残酷で冷たい先生になりたくない。」

「三人だけで発車したり六人だけで発車したりするのは、あまりに残酷で冷たい先生だと思っている。」

「一人でも乗り遅れないよう三六人が参加することが理想だ。待ちたいと思う。

できるだけみんなが加わるまで待ちたいと思う。」

教えることを優先するのではなく、子どもをおいてきぼりにしない教師がここにいる。

2　思うようにならない自己を見つめる

子どもは生きている。

それは教師にとって「思うようにならない存在だ」と自覚すべきである。

思うようにならない、うまくいかないということは、教師である自分のご都合主義以外の何者でもないとわかっているはず。

それでも私たちはイライラし、嘆き、悲しむ。

教師である自分が全否定されたような境地になる。

そんなとき、とにかく焦らないことだ。

落ち込まないことだ。

自分はダメだと思わないことだ。

自分に力がないとへこまないことだ。


世の中、うまくいくことよりも、うまくいかないことのほうが、はるかに多い。

四苦八苦の世界は教職の道にも通じる。


さあ、頭のスイッチを切り替えよう。

挫折から学ぶこと、失敗を失敗としないで立ち上がろう。

「ここで失敗したおかげで、今気づくことができて、ほんとうにうれしい」

と自分の立ち位置を転換してみよう。

1

思うようにならない壁

――子どもは生きている

教師ならば、誰しも思うこと、それは「思うようにならない」ということだ。子どもは生きている、教師のあやつり人形ではない。願いが強いほど、思うようにならないもどかしさは強くなる。

「思うようにならない壁」は、教師になって、最初にぶつかる壁だ。

それは、ベテラン教師になったら、克服できるものとは限らない。

むしろベテラン教師だと、過去に育てたイメージが邪魔をする場合がある。

「こんなはずではなかった」と焦りやいらだちを生む。

願いが強すぎると落ち込みやすいものだ。

自分を無にすることほど難しいことはないが、自分の子ども時代を重ねて、目の前の子どもを見つめることはできる。

焦ってはならない。

2

ブレーキを踏む

――根気強さが道を拓く

立ち止まることで、まわりが見えてくる。アクセルを踏んでばかりではダメだ。ブレーキを踏むことも忘れてはならない。

教師という生き物は、「がんばろう、がんばれ」とアクセルを踏みたがる。
しかし馬車馬的にがんばっても、道はなかなか拓けない。
そんなときは一度アクセルを放しブレーキを踏んでみよう。
悩むことは、新しい自己実現の前兆と考えたい。
もちろん、「根気強さが道を拓く」という教えもある。
シンプルなことでよいからていねいに行うことも大切なことだ。
「トラブルは、自己を鍛えてくれる試練だからありがたいことだ」
と肯定的に考える姿勢こそが、必要になってくる。

3

肩の力を抜く

――困ったことをたのしむ

肩の力を抜ける教師（自分）になれるだろうか。気持ちだけで教師を演じすぎていなかっただろうか。今こそ、教師としてのプライドにしがみつくことはやめよう。プライドを捨てる勇気を持とう。

「先生、字が間違っているよ」と子どもに言われて、「ごめんなさい。ありがとう。教えてくれたおかげで助かった」と言える教師になりたい。

肩肘張る教師を、子どもたちは信頼しない。

教師が困ったことを困ったことにしない。

困ったことをたのしんでしまうくらいのいさぎよさを持ちたい。

4

授業の摩訶不思議さ

――支援という教師の営み

授業は、教師の手のひらの上で、子どもを自由に活動させることだと思ってきた。子どもと一緒に考え、悩む授業は、私には怖くてできないとずっと思っていた。指導案という設計図にこだわり、身動きがとれないでもがいていた授業の後、「あなたの今日の授業は、子どもが生き生きしていた」と同僚に言われて目が覚めた。

めあてを意識しすぎて、「なんとかしたい」と思う教師は、子どものあるべき姿を求めすぎて、子どもの動きが見えなくなる。

めあてに届いたかどうかで、子どもを見るのではなく、「こんなこともできるようになった」と下から見てこそ、支援という教師の営みが見えてくる。

設計図（指導案）を突き破ってくれる子どもの言動をたのしみに授業がしたい。

5

子どもに寄り添う

――困ったことに光を見る

子どもに寄り添うということは、ことによったら、教師が自己否定していくことであるかもしれない。

教師にとって「困ったこと」をたのしんでしまう。

困ったことを困ったことにしていない教師は、「こんな困ったことが見えてきたことで、子どものほんとうの姿が見えてきてうれしい」となるだろう。

子どもの雑然とした動きを困っていない教師。

困ったことの中に、わずかに光る動きをすくい上げて育てていこうと動き出すとき、教師の本道につながっていく。

6

私は少しだけ焦らなくなった

――もっと子どもを信じてみよう

子どもたちが、何をやっても、私は少しだけ焦らなくなってきたように感じる。うまくいかないことばかりだけれど、焦るとよけいにうまくいかなかったり反発する子どもたちになったりする。

その教師は二人の子どもにほんとうに手を焼いていた。

彼らがいなくなればよいとさえ思う自分にぞっとすることもあった。

あるとき、ふと思った。

「私は警察ではない。教師だ」と。

「私は、子どもがあまり見えていないくせに、やたら子どもに指示する、要求するばかりの教師だったのだ。」

「もっと二人を信じてみよう。」

「もっと二人の話を聴いていこう。」

これは、なんと清々しい教師の姿勢であろうかと思う。

7

ほめて歓ぶだけ

――すべては小さなことから

へそ曲がりの群れのような子どもたちも、A先生の手にかかるといちころになる。小さなことでも「ほめて歓ぶ」根気強さが、子どもを変える。まさに共感的称賛を演じる教師そのものである。

学年初めのA先生は、「今年の子どもは骨があっておもしろい」と言う。

それが半年もする頃には、見事にA先生の意のままになる。

「ひたすらチッポケなことを誇大広告のようにほめて歓ぶだけ。」

A先生は屈託ない表情で語る。

恐ろしい洗脳である。

8

闘うのではない、共に歩くのだ

——子どもたちこそ自分の先生

担任である自分がなんとかして「学級づくり」をしたい、心の通い合う仲間意識の高い集団づくりをしようと思うのに、ことごとく反発する子どもたち。しかし、ここであわててはならない。イラついてはならない。共に歩いてこそ、担任教師になれる。

担任として、子どもたちを願いを持って育てようというところに、そもそも教師としての傲慢さがあったのだ。

もっと子どもたちのこだわりや希望、願いを引き出してこそ、子どもも主体の教室になる。

「子どもたちこそ自分の先生だ」と思わなければならない、ということを忘れていた。

3　キャッチングする吾であれ

教師になりたての頃、どういう発問をしたら、子どもたちが授業に活発に参加してくれるだろうかと考えていたように思う。
どういう働きかけをしていったら、意欲的になってくれるかと。

しかし、その発想はどうも違うなと思うようになってきた。
子どもの投げ返してきた発言をこちら（教師）がちゃんと受け止めているか、

ということこそが、大事なことだと思えるようになってきた。

たとえ子どもの発言が、ねらいから外れ、大きく逸れたとしても、身軽に動いてキャッチングしてやったとき、子どもは間違いを怖がらないようになっていくのではないかと思うのである。

授業するということは、教え込むことではない。

子どもの中に眠っている宝物を引き出す発想だ。

受容するという言葉がある。

傾聴するという言葉がある。

共感的にキャッチングする教師になりたいと思う。

そこから教師の仕事が始まる。

1

指導するということ

――うなずいて、認めて、感動して

指導するということは、「要求すること」ではない。受け容れて、共感してこそ、子どもは明るく元気になっていく。うなずいて、認めて、感動して、歓ぶ、キャッチング上手な教師になりたい。

子どもに教えてもらう教師になるというと、驚くだろうか。

教師が子どもの稚拙な発言や動きに、意味を見出していくとき、子どもは発言することを怖がらず活動することを意欲的に行うようになると思う。

子どもたちの心にしまい込まれた悩みも語ってくれるだろう。

ピッチャーのような教師から「キャッチャーのような教師」に、自分の立ち位置を変えてみたい。

2

聴き合いに軸足を

――自信のない子どもの発言を受容する

話し合い、出し合いに力を入れるよりも、聴き合いに軸足を置いて授業をしたい。言いたいことを吐きだすだけの授業には、「学び合い」がない。

子どもたちが固まっている教室では、発言競争や、班での発言活動も意味がある。

しかし、そこに留まってはならない。

授業は「おしゃべり上手な子どもを育てることではない」と思う。

教師は自信のない子どもたちの発言する力を強めていく増幅器の役割を果たすためにも、キャッチング上手になって「なるほど」「そうか」「へえー」とオーバーアクションで受容していこう。

3

緊張で震える子ども

――ていねいに「診察」する

「教科書を読もうとしている、その子のそばに行って、手を握った。ぶるぶる震えている。この子にとって、教科書を読むことさえ、震えるほど緊張感の高いことであったのだ。私はその子の心中が少しもわかっていなかった。外側から、その子を矯正しようと強引に責めていた浅はかな自分であったと思う。」その教師は涙を流しながら語ってくれた。

よい医者は、問診や触診をていねいに行う。

パソコンとにらめっこで、ろくに患者を診ない医者は「やぶ」であろう。

教師はいつも多くの子どもたちを抱えている。

どの子にも寄り添いたい気持ちがあっても、なかなか思うように動けない。

改めて教師は「診察」することを忘れてはいけないと思う。

一人ひとりを診察して、その子の心臓の鼓動に目と耳と心を傾けていかなくてはならない。

4

「先生の学級になってうれしい」

――よいところは意識しないと見えない

新しく担任した子どもたち。去年学級崩壊寸前だったことを見ている。私はどうしても去年の子どもと見比べてしまう。あれができない、これがダメだと嘆くばかり。それが怒りや焦りにつながる。そんな私に「先生の学級になってうれしい」と日記に書いてきたA子。私はハッとする。今年の子どもの悪いところばかりを見つけている自分であることを恥じた。

「悪いところは、目をつぶっていても見えるが、よいところは、意識して見ないと見えない」と先輩教師から言われたことがある。

教師はとかく直そうとか悪いことをつぶそうと思ってばかりで、そのことに躍起になっている。

勢い叱ることが多くなっていく。

教室の雰囲気が険しいものになっていく。

残念だが、それでは子どもたちは目を覚まさない。

日向ぼっこの土手に座って、彼らと語ったことがあるか、彼らの願いを聴いたことがあるか。

おだやかな風の流れに、改めて自分で自分を急《せ》かしていたことが見えてくる。

5

予期せぬ発言

――子どもを未熟な者と見ない

「この頃、授業をやっていて、私の予想もしない発言が出てくると、おもしろいなあと思うようになってきた。子どもたちから、教わるようでうれしい。」一人の教師の言葉である。私には立てなかった境地に、この教師は何事もなかったかのようにいる。「自分が教えてやらなくてはならない。考えさせてやらなくてはならない」とばかり思っていた自分とは真逆な境地にいる。

教師は、子どもの予期せぬ発言や動きに弱い。

「あの子は、どんなことを書いているだろうか」「この子は、何に関心を寄せているだろうか」という教師の興味津々の姿勢ほど尊いことはない。

子どもを未熟な者、できない者として見ていない。

子どもの中に眠っている素朴な考えを引き出して磨いてやることに、教師のやりがいを求めていけたら、どんなにすばらしいことだろうか。

6

到達目標を職員室に置いてくる

――子どもと向き合う覚悟

「私は、到達目標を作ってしまうと、子どもたちがそこまでいかないと焦ってしまうので、到達目標は、職員室に置いてくることにしました」とその若い教師はつぶやいた。気弱で、狭い考えにしばられる自分はそうでもしないと、金縛りにあって授業ができないとも。そんな発想に私は完全に負けている。名キャッチャーになれるワザである。

指導案に縛られる授業が、どれほど問題であるかはわかっている。

しかし、一生懸命考えに考えて作成した指導案。

子どもの動きよりも、指導案や到達目標が気になる教師の心境は痛いほどわかる。

「職員室に置いてくる」決断によって、子どもと向き合う、一緒に悩み考える、その覚悟が見えてくる。

7

閉ざされた心を開く

――交換日記の効用

思春期になった子どもの心は危うくもろい。何にもないふだんの生活での担任教師との交換日記こそが、アンテナとなる。ことば少ない子どもの悩みや苦悩をするどくキャッチしたい。

「おまえ、何かあったのか」と問えば、「別に……」と言う。
でも心の中も体もストレスに押しつぶされそうになっている。
それを見逃してはならない。
そんな子どもに手紙を出そう。
交換日記に教師の思いのたけを綴ろう。
子どもはそれを無言で待っている。

8

授業の複線を用意する

――単線では脱線する

若い頃、授業の指導案を書くことに悪戦苦闘をした。「このことを教えるにはどう発問したらいいか」「このことをわかってもらうには、どうしたらいいか」と苦悶した。それが子どもを無視したこちら側（教師）だけの作戦であることに気づいたのは、ずっと後だ。子どものわからなさに思いが至らなかった。

優れた棋士は、自分を無にして相手の手を読む。
あらゆる攻撃に対処するために。
子どもがあくびをした、子どもの姿勢が崩れる、目が逸れている。
そんなこともキャッチできずに猪突猛進では授業とは言えない。
子どもが飽きてきたら、授業の進め方を変えたり、停車したりしよう。
それが複線を用意するということである。

4　愛することの意味を問う

「教師であるあなたの言動に子どもへの愛がない」と言われて、ハッとしたことがある。

思わず身震いするような衝撃を覚えた。

毎日の忙しさや、ちっとも聴いていてくれない子どもに対して、叱りつけてばかりの日々であったように思う。

「自分はいったい何者なんだろうか」と。

改めて思う。
「子どもを愛する」という人間を育てることの根幹にかかわることが欠如していた。
トゲトゲしくて、汚いことばで子どもたちをののしるばかりで、何の教育であろうか。

できない子、やれない子、思うように動かない子どもを叱ることばかりしていた。
そんな子どもこそ愛してやらなくてはいけないと自分の初心にはあったはずなのに。
愛することにおける最低限の行為は、「見捨てないこと」「無視しないこと」である。
そんなことも忘れかけている自分は恥ずかしさで赤面する。

1

できない子に優しいクラス

――今日はこの子を

私は先輩教師に「できない子に優しいクラスにしたいものだね」と言われてハッとした。私はできない子を叱ることばかりしていたような気がする。弓矢で威嚇射撃をするような言動ばかりしていた自分が恥ずかしい。教室はできる子、やれる子が、得意になる場ではないと心底思う。でもそれは言うほど簡単なことではない。親の心や願いがわかっていなかった。親身になるという、ほんとうの意味とは遠いところに自分はいたのだ。

学校はできる子どもにとって居心地がよくて、できない子どもには居づらいところではないかと思うこともしばしば。

「できない子に優しいクラス」にしたいものだと思う。

そうかと言って、教師は決してスーパーマンではない。

体がいくつあっても足りない。

そんなとき、どうしたらよいのだろうか。

「今日はこの子を気にかけて見ていこう」そんな意識的な一日の過ごし方が、めざす教師の営為につながる。

2

自分を責めすぎない

――立ち止まって一歩一歩歩く

「私はE君をほめることよりも、叱ることに力を入れてきた。欠点ばかり見て、注意していたような気がする。自分のエゴで子どもを見ていた。私はほんとうのところE君を愛しているのだろうか。」その教師の目に涙が溢れた。私はその教師の手を固く握った。赤裸々なその教師の語りに私の心は震えた。

その子をなんとかしてやりたいその一心で、教師は日々の仕事に打ち込む。
しかし、打てば響く事例は少ない。
真逆に出ることもしばしば。
何がいけなかったのかと反省するばかり。
親子の愛でも通じない事例がしばしば。
立ち止まって自分が行ってきたことを振り返る。
しかし教師は自分を責めすぎないでほしいと思う。
立ち止まってまた一歩一歩歩く。
それで十分だ。

3

かわいがることを忘れていた

――「注意の仕方」を考える

あれができない、これができないと嘆いている自分のほうが恥ずかしい気持ちになった。嘆く前に、自分はその子たちに何を支援してやったのか、どう目をかけてきたのかを見つめたい。何かができない部分ばかりに目が行って、その子をかわいがることを忘れていた。

面倒をよく見ている教師ほど、子どもたちを注意したりほめたりしているだろう。

注意することは決して悪いことではない。

しかし、「注意の仕方」は、それなりに考えてみる必要がある。

その子の奮起を促す仕方を模索してこそ、その子の味方になった諭し方になるのではないだろうか。

4 子ども理解とは

――ラベルを剥《は》がしていく営み

その子どもを理解するということは、ラベリングをしていくことではない。その子は、こういう子だという、いままで貼ってあったラベルを剥がしていく仕事こそ、その子をめざめさせていく。

教師にとって、「子ども理解」で怖いのは、先入観である。前任者からの申し送り事項、うわさ、最初の印象など、それらは強烈にインプットされる。「やっぱり」「またか」などの教師の口癖がさらに見方に拍車をかける。

子どもが成長することは、脱皮であり、変身である。

教師は、子どもを脱皮させて、たえずラベルを剥がしていく営みを意識して行いたい。

5

誕生日のケーキ

――愛は届くと信じる

A先生の学級にどうにもならないほどのB男がいる。窃盗、万引き、恐喝、暴言にA先生はへとへとになっている。夏休み、B男の誕生日にケーキを届けた。「こんなもん、食えるか！」B男は吐き捨てるように言った。

卒業して三年が過ぎたある日。

製麺所で辛うじて働いているB男がA先生を訪ねた。

「オレの給料で買ったもんだ。先生、誕生日だろっ。」

小さなケーキに手紙が添えられていた。

A先生はB男の手をぎゅっと握って、「ありがとな」と礼を言った。

二人に涙が溢れたが、笑顔だった。

6

給食準備中のできごと

——ことばの温度差に気づく

給食準備中のとき、廊下が大騒ぎになっている。見るとC男が傍に突っ立っている。「C男、なんだ、こんなところで！」そんなK先生の声に重なって、「悪かったねえ、C男君」と養護教諭の先生の声。K先生は腋の下から汗が流れ落ちていくのを感じた。

C男が食管をひっくり返したのは事実である。しかし、K先生は「養護の先生のC男を思いやることばに対して、オレのことばは、なんだったたか」と猛省した。いくら腕白で乱暴なC男であっても、わざとこぼしたのではない。K先生は、自分のことばの冷たさと拙速な叱責に、慙愧《ざんき》の念でいっぱいになった。

7 指読み

――読もうとする意欲を引き出す

指読みとは、たとえば国語の教科書を読むときに、文字を人差し指でたどりながら読むことである。その先生は、「よく読めない人は指読みでしなさい」と言った。誰も指読みをしなかった。

別の学級で、先生が、「よく読めるようになりたい人は、指読みで読もうね」と言ったら、全員の子どもが一心に指読みで文字を追った。ちょっとした言い方の違いが、こうも子どもたちのやる気を引き出すのかと思う。

忘れてはならないことだ。

8

子どもを励ましたつもりが

——もっと歓びのメッセージを

三年生の学級で算数の授業をしていた。先生が問題を黒板に書いて取り組ませる。挙手を求めたところ、六人が挙手した。先生は「なんだ！　たったこれだけか」と叫んだ。二人の子どもは、手を下げてしまった。

別の学級で同じような場面に出会った。
やはり六人くらいの子どもが挙手した。
その先生は、「わあ、みんなの顔が真剣になっている。うれしい!!」
と笑顔いっぱいで言った。
子どもたちは、次から次へと挙手してきた。
私たち教師は、歓びのI《アイ》メッセージをもっともっと子どもに伝えなくてはならない。

5　ちょっと無理してがんばる

「すぐれた料理人は、一年に一回包丁を研ぐだけだろうか。日々精進して、やっと多くの顧客を満足させることになると思う。」

教師は日々精進していると言えるだろうか。

ただ日々「処理している」だけではないだろうか。

年一回の研究授業に膨大な時間をかけて精進することが無意味だとは思わな

い。

やっただけのことは、十分あると思うし、子どもにも教師の熱い想いは伝わるはずである。

にもかかわらず、それが日々の授業づくり、学級づくり（子どもを育てる営み）につながっているだろうかと反問したくなるのは、私のへそ曲がりのせいだろうか。

私は、「教育実践の日常化」を自分に言い聴かせてきた。

忘れてしまいそうになる自分に突き付けてきた。

そうでもしないと、非日常的な研究授業を一回して「現職研修こと足れり」としている愚か者の自分だからだった。

日々のちょっとした工夫、もう一歩踏み込んだ営みを意識してやってこそ、子どもや親の期待に少しずつ応えられる自分になっていくような気がしたからだ。

1

インスタントな教師

――プロには覚悟がいる

自分の仕事に慣れ、朝八時三〇分ぎりぎりに学校に来て、「お湯を注いでラーメンを作る」ような教師にはなりたくない。日曜日、たまに学校へ行くと仕事をしている若い教師を見つけることがある。義務ではなく、主体的にやっているのだと思うと自分も負けないようにしないとと思えてくる。

教師ほど素人とプロの見分けがつきにくい仕事も少ないだろう。

大学で教職単位を取り、新規採用試験に合格すると、即現場へ投入される。

そして一軍登板。

ベンチを温めている暇はない。

昨日まで学生の身であった人間が、今日から教師に。

「子どもが大好き」「教師の仕事は憧れ」と希望に胸を膨らませてきたものの、現実はなかなか厳しい。

ましてや、日々精進を怠れば、年数だけではどうにもならない壁がある。

毎年子どもたちは入れ代わり立ち代わる。

時代の変遷で子どもたちの気質にも大きな変化が。

よほど覚悟がないと「プロ」にはなれない。

2

教室で学ぶ

――授業者のワザを盗む

現職研修の時と場は、あらゆる、ほんのちょっとした時にあるのだ。会議を開いて学ぶことも大事。それ以上に大事なことは、現場である教室で、即学ぶことだ。職員室で隣に座っている教師のふだんの授業を見ることは少ない。でも授業後の板書に、教室の掲示物に、学ぶことは山ほどある。空き時間にちょっと無理して動くことだ。

「現場主義」ということばがある。

教師の腕を磨くことは、机上でのプランではなかなかうまくいかない。

優れた先輩の授業を参観して、そこに繰り広げられている光景を目に焼き付けることだ。

わざわざ会議を開くまでもない、目の当たりに行われている授業者の知恵とワザを盗むのだ。

3

自分の授業を見る

――見たくもない自分と向き合う

自分の授業を録音してもよいし、ビデオに収めてもよい。いずれにしても、その授業を自分がしっかり見ることだ。そこには、自分が見たくもない自分自身の癖や振る舞いが見られるだろう。それとしっかり向き合うことが、教師力をアップさせる最大にして、もっとも効率的な学びになる。

昔の教師は、自分の授業を録音して、授業記録にしたものだ。私など、その記録を作る過程で、何度巻き戻すことをやめようと思ったことか。

あまりの自分の悪態のごとき癖や振る舞いに辟易《へきえき》したものだ。

教師である自分がしゃべりすぎている。

待つことなく、一問一答式になっている。

自分の思うように推し進めている強引さ。

音量に配慮しない早口なしゃべり。

こんな授業に参加している子どもの身になると、同情というよりも、すまないという慚愧《ざんき》の念になる。

しかし、このことを抜きにして授業改善、教師としての脱皮はあり得なかったと思う。

4

子どもの動きをたのしむ

――欠かせない授業の見通し

授業は、教師が「この授業では何がしたいのか」見つけるところから始めたい。そして、あらかじめ黒板に、授業終了時にはどんな板書が行われていることが期待されるか、描いてみることだ。そして、この板書では想定されていない子どものどんな発言や動きが見られるか、たのしむ姿勢で授業に臨みたい。

「子どもを主人公にする授業」とは、子どもの動きに流される授業ではない。

ろくに教材研究をすることもなく、子どもの発言のままに、授業を展開していたら、それは教師としてきわめて無責任な授業であろう。

「何を教え、何を考えさせ、どんな活動をしていくか」の見通しは欠かすことのできない教師の営みである。

心して日々精進したい。

5

学級という基盤

―― 学習規律の共有

学級づくりという基盤づくりを怠っては、授業実践を進めることはできない。教室という小社会での生活の仕方、授業での様々な規律や方法は年度の立ち上がりにきちんと指導していかなくてはならない。

子どもたちが学級生活をしていくうえで、朝から帰りまでの日程の中で、何を決まりとしていかなくてはならないか、はっきりさせたい。それらは、「きまりからマナー」へと発展的に社会で生きていくうえでの「生き方の問題」としてとらえたい。

さらに授業を日常的に進める中で必要とされる「学習規律」を共有できる指導を怠ってはならない。

何度も何度も確認して、「日常的な行い」にしていかなくてはならない。

6

名簿にチェック

―― 声かけしない子をなくす

その先生は、担任した子どもたちが帰った後、学級名簿を取り出す。今日叱った子どもにはX、ほめたり讃えたりした子には○を書き込む。そして、何も記入しなかった子どものことを思う。「この子には、今日は何も声かけをしなかった。明日こそは、ちゃんと顔を見て声をかけよう。」そんな取り組みがもう二十年も続いている。

マザー・テレサは、「人間にとって、残酷で悲惨なことは、戦争や貧乏であることではない。誰からも必要とされず、無視されることである」と言う。

毎日の生活の中で、忙しさにかまけて声かけを忘れていた子、その子と笑顔を交わすことを忘れていたら、明日は真っ先に関わろうと先生は思う。

それが自分にできるささやかな実践だと。

7

我流から経営体へ

――実践の共有化

教師であるみんなは一生懸命であるのに、どうしてこんなにも生徒指導で苦労するのかと仲間の一人として思う。「みんな一生懸命だけれど、やり方がマチマチでズレているのではないか。」誰かがボソッと言った。みんなはハッとした。

いくら熱心で一生懸命であっても、それぞれの教師の意識がバラバラであるならば、それは「我流の実践」でしかないと思う。

それぞれの教師の我流の実践が、子どもたちに降り注げば、子どもたちは戸惑い、混乱する。

そこに気づいて実践の共有化を図り「経営体」として果敢に挑んだ学校があることを私は知っている。

8

教師としての足跡を見つめる

――ライフヒストリー

毎日毎日洪水のように押し寄せる仕事に翻弄されながら、その時その時を一生懸命に生き抜いてきた。それを自分の足跡として、記録化していくとき、実践は自覚的な営みとなっていく。

教師としての日々は順調な日ばかりではない。
嵐の中で翻弄される浮遊船の如き日もある。
沈没するかもしれない。
波が収まるかもしれない。
それは誰にもわからないことだ。
それをメモ程度でよい。
正直に嘘偽りなく、隠し立てすることなく綴っていくとき、そこに
自分の人生のライフヒストリーが生まれる。

Ⅱ　子どもに語ることば

〈授業編〉

1 みんなが、まずは「授業に参加しよう」とする意欲と自覚を持ってほしい。

先生は、みんなに賢い人間になってほしい。
だから授業というバスに乗ることを原則にしたい。
先生の運転の仕方が悪かったら、言ってほしい。
みんなの参加の仕方が悪かったら、先生は厳しく言う。
それが先生のほんとうの優しさであると思ってほしい。

2

アイコンタクトを、この教室のきまりとしたい。それをルールにして、やがてみんなで、それが「マナー」になるようにしたい。

「顔を上げて、目と耳と心で聴く。」

「なるほど、そうか、へえー」と心の中でうなずきたい。

それをこの教室の文化にしたい。

3 授業には必ず「学習課題」（めあて）を出す。みんなが「何をこの時間にするか」はっきりしたら、バスは発車する。

「学習課題」（めあて）は、この授業の目的地への案内板だ。

先生は、みんながこの「学習課題」（めあて）を意識して学習してくれることを願っている。

4 挙手するときは、黙ってしよう。指名されなくてもがっかりしない。先生はちゃんとがんばっている子を見ている。

授業中挙手するときに、「はい、はい」と言わない。
黙って挙手する。
挙げた腕は、すっと伸ばす。
あまり力を入れない。
ピンピンに挙げることをしない。
指名されたら、「はい」と返事をして起立する。

5

学級のみんなから学べる「聴き上手」になろう。「聴く」は、「目」と「耳」と「心」で聴く。

発言を積極的にすることも大事。

でももっと大事なことは、「聴き上手になる」こと。

話している子の方に体を向けて、「耳と目と心」で聴こう。

「聴き上手な子」は、自分が発言するとき、「私は誰々さんにつけたして」「私は誰々さんと同じで」「私は誰々さんとちょっと違って」と友だちの名前を入れて発言できる。それができると素敵だ。

よく聴いて学ぶことのできる人間になれる。

6

授業中「恥ずかしい、間違っていたら嫌だ、笑われるんじゃないか」という不安をみんな持っているものだ。だからこそ、この教室の中では、その不安を退治する決意をみんなでしたい。

先生もみんなと同じころ、恥ずかしがり屋で臆病だった。
だから先生は、みんなをそんな気持ちにする教室にしたくない。
たくさん間違えて、たくさん予想して、自分を鍛えていく教室にしよう。

7 ベルタイマーは、「集中するため」に使う。

ベルタイマーで時間を決めるのは、「やれた、できた、わかった」というためではない。

その時間を、集中して「がんばる時間」にするためだ。

できなくても恥ずかしいことではない。

やれなくても大丈夫だ。

あとは教室のみんなで力を合わせていこう。

8

「ここが、この時間のがんばりどころだ」というところでは、深呼吸して姿勢を正して、取り組むみんなになろう。

みんなが一番気になるところ、先生がみんなに乗り越えてほしいハードル、そこでは、頭が汗をかくくらいがんばる自分になろう。

つらくて、厳しいかもしれないが、みんなが賢くなるための大きな試練なのだから。

9

考えやり方に自信がないときは、「きっと……」「たぶん……なんだと思うよ」という予想発言でいいのだ。予想発言は「安心発言」として、みんなでがんばろう。

予想した考えを書いたり、予想したことを発言したりすることは、道の無いところを踏みしめていくようなものだ。誰しも不安があるだろう。でもそれこそが、「勉強している」ことなんだと意識したい。『きっと、たぶん』は、安心発言」として積極的に行おう。みんなも決して笑ったりしない教室にしよう。

10

授業終了五分前になったら、授業を止める。その時間に学習したことを振り返り、学んだことを確認したり練習したりする時間とする。

授業はやりっぱなしでは身につかない。
見直し、見返し、学びの要点をつかみ、練習する時間も大事だ。

11 授業の始めと終わりのあいさつをきちんとできる教室にしよう。

授業の始めのあいさつ。

（児童・生徒）「起立！」

「服装を正してください。」

「気を付け。」

「今から一時間目の授業を始めます。お願いします。」

（おじぎをする）

（教師）「はい、お願いします。」（深々とおじぎをする）

終わりも同じ。

〈生活編〉

1
「おはようございます」「こんにちは」「さようなら」を笑顔で言う人になろう。

気持ちのよいあいさつは、相手も自分も明るく元気にしてくれる。先生にも友だちにも進んで言える自分になろう。

2 「ありがとう」「ごめんなさい」「失礼しました」は、感謝の心がないと言えない。ていねいに言える人になろう。

「ありがとうを一日一〇〇回」を先生も目標にする。

プリントを配布するときにも「はいどうぞ」「ありがとう」を言えるようにしたい。

給食の配膳でも同じことだ。

いけないことをしたときに、素直に「ごめんなさい」と言える人は、心の優しい人だ。

3 休み時間でも授業中でも、友だちの名前を言うときは、「さん」「くん」をつけよう。

友だちの名前を呼び捨てにしない。
それが教室で生活していくマナーだ。
四月の一ヵ月間は、とくに先生は、みんなのがんばりに期待する。

4 忘れ物をしたら、その授業の始まる前に先生に申し出る。宿題も同じように事前に申し出る。

忘れ物をしたり宿題を忘れたりすることは、誰でもあることだ。

しかし、それを黙っていたりごまかしたりしてはいけない。

正直に申し出て、「自分は、だからどうするか」をきちんと言える子になろう。

それが責任を果たすということだ。

5 チャイム着席を心がける学級にしたい。

一時間目の授業が終わったら、二時間目の準備をして休み時間とする。
チャイム着席をする。
その代わり先生も延長授業をしないように心がける。
授業終わり五分前になったら、その授業の着陸態勢に入る準備を先生は意識する。
みんなも意識してほしい。

6 係活動や当番活動を進んでする人になろう。

係活動や当番活動は、学級みんなが生活していくために、なくてはならないものだ。
いやいややっていると、ほんとうに嫌な仕事になる。
みんなで協力してがんばれるか、先生はしっかり見ている。

7

「いじめ」があったら、「やめよう」と言えるだろうか。朝の会や帰りの会で話し合って、「いじめ退治」のできる学級をつくりたい。悩みやつらいことがあったら、先生に申し出てくれ。先生はそんな人の力になる。信じてほしい。

誰でもつらいことや苦しいことがあるものだ。
そんなときは独りで悩まず、みんなで考えることのできる学級にしたい。
「いじめ」や仲間外れになって困ったときは、先生が一番の味方になる。
仕返しが怖いからと我慢しないでほしい。
我慢するとよけいに「いじめ」や仲間外れがひどくなるから。

8 ゴミを落とさない人になろう。

ゴミを拾える人になることも、とても大事なことだが、「ゴミを落とさない」人は、もっとすごい人だ。

整理整頓を心がけて、きれいな学校にしよう。

9

「掃く、拭く」掃除から、「みがく、かざる、つくる」掃除にしよう。お世話になっている教室やトイレ、靴箱、廊下などに感謝する人になろう。

トイレは、私たちの出す汚いものを黙って受け取ってくれる。
教室は、暑いときも寒いときも、私たちの勉強の場だ。
「ありがとう」と言って、掃除するみんなになろう。

10 困ったことがあったら、臆病にならずに、友だちや先生に相談しよう。先生はいつでもそれを待っている。

「こんなことで相談したら恥ずかしい」「こんなことを言ったら笑われる」なんて思わないことだ。

先生はいつでも、そんな君の味方になることを強く約束する。

Ⅲ　保護者と教師をつなぐことば

教育は、子どもだけを対象に行うものではない。保護者からの預かりものの子どもたちの育ちをいかに援助していけるか、それは決して安閑たる道ではない。日頃から、どういう教育活動をしていきたいか、保護者にもきちんと理解してもらい、応援してもらわないと、できることも到底できなくなる。

それでなくとも、今の保護者は学校を信用しているとは言えない。担任を信頼しているとは言えない。むしろ疑心暗鬼の目で見ていると言っても過言ではない。

どんなにがんばっても、子どもを介在として保護者と対決姿勢では「教育活動」は成立しない。保護者と連携して、やっと「人間を育てる営み」は始まる。そのことを自覚してこそ、教師の仕事は成立する。その基本は「傾聴と共感」であろう。

保護者とのパイプを太くしてこそ、教育活動は成立する。

1

「私があなたのお子さんの担任になりました。不器用で悪戦苦闘ばかりするでしょうが、一生懸命精進します。」

「学校は遊園地ではありません。時には涙を流すようなこともあるでしょう。私はそんな子の味方になることを約束します。お父さんお母さん、どうぞよろしくお願いします。」

年度初めの出会いは、新鮮で子どもも教師も心機一転がんばろうと思う。保護者と手をつないで、この一年の展望を語ろう。「心配事や不安なことがありましたら、いつでも問い合わせてください」と語り、問い合わせがあれば、それをきちんと受信する心を持とう。

2

家庭訪問、個別懇談、保護者会などで、保護者の願い、希望、悩み、心配事を聴くことにしよう。エゴ的で、自己中心的な話もあるだろう。溺愛的な保護者もいるだろう。そんな親の心をわしづかみする気概で臨もう。

教育活動は極めて日常的な営みである。教師は様々な機会に保護者と出会う。そのとき、たとえば「落ち着きのない子ども」の保護者には、「明るく元気で気持ちがいいですよ」と言ってみよう。つまり、その子どもの保護者に、その子の個性（良い点も悪い点も）を「光ることば」で伝えることだ。それだけで保護者の心を「わしづかみ」することができる。やってみてほしい。さらに、保護者とひょんなところで出会ったら、「ニコッ」と笑顔でアイコンタクトすることだ。この「ニコッ」が、信頼関係を濃厚にしていく。

よいこと、ほめごとは、電話でもよいが、心配事や困ったことは、迅速な家庭訪問が原則だ。顔を見て、「私（担任）は、今こんなことで心配しています」と語ろう。「決して本人を責めすぎてしまわないようにしてくださいね」と念押しを忘れないことだ。

3

事故や事件、親からの相談事の対応は、電話や連絡帳でしないこと。直接会って、保護者の顔を見て語り合おう。「困っています」とは言わないこと、「とても心配しています」が基本的な話し方になる。「お母さんもご苦労様ですね」「悩むことがありますね。でもそれが尊いのです」と語りかける。

4

学級通信（学級だより）には、今学校で取り組んでいること、たとえば教科の学習であれば、「算数の割合の問題は、一番厄介な問題です。お母さん、お父さんも一緒に考えてあげてください」と応援を求めることもはっきり書こう。

忘れ物が多くなったことを「何曜日に忘れ物が多いか、忘れ物係が調べました」と書いて報告した。「前の日に点検するほうが、出かける朝に点検するよりも忘れなくなる」ことも付け加えた。保護者も子育てに迷いや悩みがある。担任として、「情報提供」「子育てのコツ」を記述する味な通信にしたい。

5

保護者の授業参観は、教室内にて参観してもらうように促す。

廊下で世間話をしながら、授業参観する保護者がいる。できるだけていねいな口調で、入室を促すことである。「子どもも一生懸命学習しています。お父さん方、お母さん方も一緒に学びましょう。自分の子どもを見ているだけではなく、この学年では何をどう学ぶかを体験してください」と呼びかけよう。

6

子どもを、担任として強く叱責したときは、下校時までにフォロ－を忘れないこと。また、保護者に叱責の事情を話して理解を得ること。先手必勝でする。

保護者の苦情やいわゆるトラブルになることとは、対応が後手後手になることによって起きることが多い。肝心な本題を外して、対応のまずさを指摘される。必ず学校にいる間に納得感のある指導を心がけておこう。

7

相談事と苦情は違う。苦情の対応は、担任一人で行わないこと。必ず上司に相談して、複数で対応にあたる。判断を迫られた場合も、拙速に思い付きで、回答したり約束したりしないことである。

興奮状態であったり、激高状態であったりする苦情は、言い分をしっかり聴き終わるまでは、みだりに口を挟まないことだ。すぐに回答を求められることでも、「しばらく時間をいただきたい」と落ち着いて対応する。ただし、回答を長引かせないことも大事なことである。事態によっては、教育委員会、専門機関の助言を得るなどして、慎重に対応したい。

8

通知表、個別懇談では、その子のよいところばかりを並べるのではいけない。あくまで指導の途中経過として、よい点と悪い点を併記して、保護者の協力が得たいことをていねいに伝えたい。

「小学校の通知表や個別懇談で、よいことばかりが書いてあったり言われたりしていたので、安心していたら、中学校になって、客観的な成績を示されてショックを受けた。小学校のときに、もっとはっきりよい点と問題点をきちんと指導助言をしてほしかった」と苦情を言った保護者がいた。もっともな話である。人間関係を損なうほど辛辣《しんらつ》ではいけないが、「子どもの学習状況、生活状況」をていねいに話して、保護者の理解を得ることが大事である。

エピローグ

心を元気にする「くすり」、心を癒す「くすり」

思うままに、取り留めもないままに、浮かぶままに綴ってきたことば。しかし、これらのことばは、私の身体深くしみ込んでいることばだ。ただ果たして、今の現場の真っただ中にいる先生方の「常備薬」になるだろうかとは思う。いや、ほんとうは、こんなもんいらないほうがよい。必要としないほどの健康体であってほしいと思う。

私は昭和四十年四月、中学校の教員に採用された。その学校は、かなり大規模な学校であったことと、生徒の一部ではあったが、「荒れ」が常態化していた。しかし、今思い出しても、その「荒れ」に苦しんだ思い出はない。身も心も荒んだ状況に陥ったことはなかったと思う。それは遠い昔のことだから、忘れてしまって、懐かしさだけが残っているのではないかと言われそうだが、そうではない。

恥ずかしい話だが、体罰的なことをして、保護者の家に謝りに行ったことを思い出す。頭を床につけて詫びる私の腕をとって、「先生、そんなことせんでくだされ、せがれはああでもしてもらわんと真っ当な生き方ができんから」「家で、まともに育てることができなかったことが、この始末だ。先生に迷惑をかける」と父親に逆に詫びられた。

夜中に、担任している子どもの家を一軒一軒家庭訪問した。「勉強、やっとるか」「困ったことないか」「体は大丈夫か」と声をかけ、一緒にコタツに入って、数学の問題を解いた。前田は変人かと同僚から言われたが、夜の家庭訪問をやめろと言われたことは、一度もない。「お前の流儀でやれば、それが子どもの幸せになる」と励まされた。

その後、小学校勤務となった。中学校にいるとき、「小学校でもっときちんと基礎学力をつけてくれんから、中学校で苦労する」と思っていたが現実は違った。小学校の先生たちも一生懸命やっている。私も慣れぬ音楽の授業を含めて悪戦苦闘ばかりしていた。疲労感はあったが、たのしかった。

昭和五十年代、高度経済成長の波は、物質的な豊かさを生み出したが、心の貧しさや自己中心的な風潮を蔓延させていった。中学校で、校内暴力の嵐が吹き荒れ出したのもこの頃である。「教育の仕方が間違っている」「偏差値教育、詰め込み教育の弊害だ！」と声高に言われて学校は自信を無くして、ただただ事後対応に追われる日々であったと思う。

その後、教育行政の端くれにいたばかりに、校内暴力、非行の常態化に加えて、「いじめ」「不登校」問題に翻弄された。現場である学校はもっと苦しんでいるのに、何もできない無力感ばかりが襲ってきた。マスコミにたたかれ、市議会で問題にされ、どうやっても現場の力になれぬ悔しさを嫌というほど味わった。

教頭職になったとき、「先が見えないときほど、基本に戻ろう」「もう一度一人ひとりの子どもを見つめ、育てよう」という原点回帰を日々の取り組みの戒めにして歩いた。相変わらず風は冷たかったが、「子どもの育ち」が励みになって、辛うじて仕事を続ける気になっていった。自主的に校内で勉強会を開いて、「授業の奥深さ」「子どもの発想のすごさ」を語り合ったのもこの頃である。

校長職になったときも、とにかく「先生方に元気になってほしい」「つらいことがあっても、明るく歩いてほしい」と念じて「現場」である教室に足を運んだ。それしか自分にはほかに思いつかなかったのだ。「オレ（校長）の現場は教室だ」を標榜して、先生方に窮屈な思いをさせたかもしれない。出しゃばりの校長でいらぬ緊張感を与えたかもしれない。

相変わらず「いじめ」や「不登校」は、学校の大きな問題になっていた。夕方から職員室の電話が鳴りだして、苦情やトラブルに振り回される日々も多々あった。それでも「授業で子どもを育てるのだ」「次代を担う子どもを元気に育てるのだ」とカラ元気で歩いてきた。

私の座右の銘は、「悪戦苦闘」そして、「学校はたのしいところでなければならぬが、歯を食いしばって涙をこらえてがんばるところでもある」と言い続けた。「下座《げざ》に生きる」「対極に学ぶ」「明けない夜はない」を呪文のように唱えて仕事をしてきたように思う。そして本書に綴ってきたことばが小心者の自分の常備薬になっていった。

退職してから、十三年間が過ぎる。毎年一〇〇回以上の学校行脚が続いてきた。招かれた学校で、授業を参観する。十分役に立てない歯がゆさに申し訳なさがつのる。

ここに綴ってきた「ことば」は、そんな教職生活、学校行脚の中で目にしたこと、心に残ったことばかり。まぶしいようなことばもあれば、ひっそりと佇むことばもある。それらのことばが、みなさんの「心を癒す」「体をいたわる」くすりになるだろうか。

平成二十八年　初夏

前田勝洋

著者紹介

前田勝洋

豊田市内に校長として勤務し，2003 年退職。大学の非常勤講師を務める傍ら，求められて小中学校現場を『学校行脚』して，教師たちと苦楽を共にしている。

著書に，『教師と子どもが育つ教室』『校長になられたあなたへの手紙』『教師　あらたな自分との出会い』『校長を演ずる　校長に徹する』『授業する力をきたえる』『学級づくりの力をきたえる』『教師の実践する力をきたえる』『教師のリーダーシップ力をきたえる』『教育に「希望」をつむぐ教師たち』『カンタンでグッとくる「見つけ学習」のすごさ』『みんなで，授業というバスに乗ろう！』他，多数。

教師《きょうし》であるあなたにおくることば

2016 年 6 月 10 日　初版発行　著　者　前《まえ》　田《だ》　勝《かつ》　洋《ひろ》
発行者　武　馬　久仁裕
印　刷　株式会社　太洋社
製　本　株式会社　太洋社

発　行　所　株式会社　黎《れい》　明《めい》　書《しょ》　房《ぼう》
〒460-0002　名古屋市中区丸の内 3-6-27　EBS ビル　☎ 052-962-3045
FAX 052-951-9065　振替・00880-1-59001
〒101-0047　東京連絡所・千代田区内神田 1-4-9　松苗ビル 4 階
☎ 03-3268-3470

落丁本・乱丁本はお取替します。　ISBN978-4-654-01933-5